D1877894

औरत की जानिब

धीरेन्द्र कुमार पटेल

जन्म : 20 जून 1971, ग्राम-बराई, पोष्ट-पुरेंव, जौनपुर।

शिक्षा : एम.ए., पी-एच.डी., यू.जी.सी. नेट (हिन्दी साहित्य)।

साहित्य-सेवा : डगर की रेत, हँसकर युग धर्म निभाना *(कविता संग्रह)*, आधुनिक काव्य-मंजरी *(सम्पादन)*, हिन्दुस्तानी, अप्रतिम, वर्तमान साहित्य, लमही, बयान सहित अनेकों शोध पत्रिकाओं तथा सम्पादित पुस्तकों में कहानी, आलेख, समीक्षा आदि प्रकाशित।

गतिविधियाँ : आकाशवाणी से वार्ताएँ प्रसारित, अनेकों साहित्यिक संगोष्ठियों का आयोजन, विभिन्न राष्ट्रीय संगोष्ठियों में वक्ता के रूप में प्रतिभागिता, विभिन्न काव्य मंचों से काव्य-पाठ, सदस्य-हिन्दी साहित्य सम्मेलन, जौनपुर, अप्रैल 1998 से मई 2000 तक राजकीय महाविद्यालय, छपरौली (बाग़पत) उ.प्र. में हिन्दी प्रवक्ता एवं प्रभारी प्राचार्य।

सम्मान : फुले राष्ट्रीय फेलोशिप सम्मान-2014 तथा साहित्य श्री सम्मान 2021 से विभूषित।

सम्प्रति : एसोसिएट प्रोफेसर एवं अध्यक्ष, हिन्दी विभाग, सल्तनत बहादुर पी.जी. कॉलेज, बदलापुर, जौनपुर।

email : dkpatel9494@gmail.com

धीरेन्द्र कुमार पटेल

औरत की जानिब

लोकभारती पेपरबैक्स

इस पुस्तक के सर्वाधिकार सुरक्षित हैं। प्रकाशक की लिखित अनुमति के बिना इसके किसी भी अंश की फोटोकॉपी एवं रिकॉर्डिंग सहित इलेक्ट्रॉनिक अथवा मशीनी, किसी भी माध्यम से अथवा ज्ञान के संग्रहण एवं पुनःप्रयोग की प्रणाली द्वारा, किसी भी रूप में, पुनरुत्पादित अथवा संचारित-प्रसारित नहीं किया जा सकता।

प्रथम पेपरबैक संस्करण : 2021

© धीरेन्द्र कुमार पटेल

लोकभारती पेपरबैक्स : उत्कृष्ट साहित्य के लोकप्रिय संस्करण

लोकभारती प्रकाशन
पहली मंजिल, दरबारी बिल्डिंग, महात्मा गाँधी मार्ग,
प्रयागराज

वेबसाइट : www.lokbhartiprakashan.com
ईमेल : info@lokbhartiprakashan.com

शाखाएँ : 1-बी, नेताजी सुभाष मार्ग, दरियागंज, नई दिल्ली-110 002
अशोक राजपथ, साइंस कॉलेज के सामने, पटना-800 006 (बिहार)
36-ए, शेक्सपियर सरणी, कोलकाता-700 017

आस्था पेपर कन्वर्टर
प्रयागराज द्वारा मुद्रित

मूल्य : ₹ 160

AURAT KI JANIB
by Dhirendra Kumar Patel

ISBN : 978-93-90625-02-4

आधी दुनिया के नाम

अनुक्रम

अपनी बात

हमेशा से औरत को जानने की जिज्ञासा पुरुष की सहज प्रवृत्ति रही है। मेरी कविताएँ इसी जिज्ञासा की परिणाम हैं। मैंने महसूस किया है कि स्त्री स्वानुभूति का प्रश्न तो अपनी जगह है ही लेकिन रागात्मक सम्बन्ध प्रामाणिक अनुभव का सबसे सबल स्रोत है इसी सम्बन्ध से स्त्रियाँ पुरुषों से अनुभव प्राप्त करती हैं तो पुरुष स्त्रियों से। रागात्मक सम्बन्ध से प्राप्त अनुभव पितृ-सत्ता के मूल्यों को स्वतः निरर्थक साबित करते हैं लेकिन इस रागात्मक सम्बन्ध के अभाव ने स्त्री विमर्श की सार्थकता को सिद्ध किया।

आज स्त्री विमर्श ने स्त्रियों के मौन को तोड़ा है। वे मुखर हुई हैं। उनका दबा क्रोध, आवेश पीड़ा स्वानुभूति के धरातल पर अभिव्यक्त हो रहा है, साथ ही स्त्री जीवन के लिए निर्धारित मानक और मूल्य भी बदलाव की सहज माँग करने लगे हैं। सबसे बड़ी बात 'पैदा हुई औरत' और 'बनायी गयी औरत' का भेद स्पष्ट होने लगा। इस स्पष्टता ने औरतों की एक नयी समझ विकसित की है। वे स्त्रीजनित तमाम समस्याओं, कुण्ठाओं और हिंसा को मनोवैज्ञानिक एवं सामाजिक स्तर पर समझने लगीं। वे समझने लगीं कि औरत के प्रेम की ताकत को कैसे शरीर के दायरे में सीमित कर दिया गया है। आख़िर पुरुष वर्ग ने शुरू से नारी के गुणों को लेकर उसकी इतनी सराहना कर दी है कि नारी उसी को अपना सर्वस्व मानने लगी। उसी के आधार पर जीवन जीती चली आ रही है। उससे जरा-सी इधर-उधर होने पर संस्कृति के नष्ट होने का ख़तरा दिखायी देने लगता है और फिर पुरुष द्वारा निर्धारित गुणों को ग्रहण कर एक भारतीय नारी खुद नारी बन जाने के बाद दूसरी नारियों को भी अपनी तरह बनने के लिए बाध्य करती है। बड़ी बात यह है कि अलग-अलग धर्म समुदायों की नागरिक संहिता भले ही अलग-अलग हैं लेकिन सभी नारी के विरुद्ध जाती हैं। इस तरह स्त्रियों को व्यक्तित्व निर्माण की आज़ादी नहीं मिलती है। जिस शारीरिक एवं मानसिक घटन से व्यक्तित्व

का निर्माण होता है उसे पितृसत्ता की परिधि में यौन शुचिता के नाम पर उसके विवेक, विद्या, बुद्धि को सीमित कर दिया जाता है।

स्त्री विमर्श ने स्त्रियों को खुद के व्यक्तित्व निर्माण का रास्ता सुझाया है। ज़रूर यह रास्ता स्त्रियों के संघर्ष की गाथा लिख रहा है। आज अश्लीलता के विरुद्ध संघर्ष करती स्त्रियों ने यौन क्रान्ति को आधुनिक युग का चर्चित मुद्दा बना दिया है। वे अब पति के लिए प्रजनन कोख नहीं बनना चाहती हैं बल्कि अपने शरीर पर अपना हक़ समझती हैं। अब उनकी शारीरिक जरूरतों का निर्धारण सिर्फ़ कोख से नहीं किया जा सकता। आज स्त्रियाँ परम्परित मानसिक अनुकूलन से मुक्त होकर अस्तित्व सम्पन्न रूढ़ मुक्त स्त्री होने के संकल्प से भरी हैं, आख़िर व्यक्तित्व तो गतिशील तत्त्व है। वह अनुभव, विद्या, बुद्धि, सिद्धान्त और आदर्शों पर आधारित है, इसीलिए आज की स्त्रियों का कार्य व्यवहार अथवा प्रतिक्रियाएँ जब बनायी गयीं औरतों से भिन्न दिखायी देती हैं, तो समाज को आज उससे विचलित होने की बजाय स्त्रियों के विकसित व्यक्तित्व की स्वाभाविक परिणति समझनी चाहिए।

प्रस्तुत संग्रह की कविताएँ यथासम्भव औरत के पक्ष में समाज से संवाद हैं। आख़िर समाज, धर्म, राजनीति, अर्थव्यवस्था आदि की संरचना पुरुष हितों और आकांक्षाओं के अनुरूप ही तो विकसित हुई हैं, जिस कारण औरतों की आकांक्षाओं की अनदेखी अवश्य हुई। वे घर, परिवार, समाज में स्वयं को अभिन्न अंग के रूप में न पाकर बाहरी तत्त्व के रूप में पाती हैं। वे पाती हैं कि उनकी क्षमता को किसी-न-किसी रूप में सीमित कर दिया जाता है। समाज का माहौल उनके लिए भय प्रदान करनेवाला ही होता है तो घर भी उनकी आकांक्षाओं का क़ैदखाना होता है। आज औरतों को क़ैदखाने से मुक्ति एवं उनके चारों तरफ बने परिधि को तोड़ने का दायित्व सभी लेखकों का है चाहे वे पुरुष ही क्यों न हों। 'कालरिज' के हवाले से कहें तों 'ज्ञान पुरुषवाची है और संवेदना स्त्रीवाची' और 'मुक्तिबोध' ने जिस 'ज्ञानात्मक संवेदना' की बात कही है वह साहित्यकार की बौद्धिक ईमानदारी के लिए आवश्यक है तभी वह आग्रह और दुराग्रह से मुक्त होकर अपनी आज़ाद कलम से रागात्मक अनुभूति के बल पर हाशिये के स्त्री समाज के न्याय के लिए वैचारिक विकल्प का निर्माण कर सकेगा और मर्दवादी मानसिकता को संवेदना की आँच देता रहेगा जब तक उससे मर्दवादी चेहरा गिर न पड़ेगा। इस सन्दर्भ में बेंजामिन फ्रैंकलिन का यह कथन यथोचित होगा— "justice will not be served until those who are unaffected are as outsaged as those who are" अर्थात् "तब तक न्याय नहीं हो सकता जब तक कि वे लोग जो उससे प्रभावित नहीं हैं उसी तरह से उसके खिलाफ न हों जिस तरह से कि पीड़ित

लोग।'' स्त्रियाँ पीड़ित हैं तो उस पीड़ा से पुरुषों को भी पीड़ा होनी चाहिए, तब स्त्री और पुरुष 'सहअस्तित्व' की पहली शर्त 'अस्तित्व' को प्राप्त कर सकेंगे। मेरी कविताएँ इसी 'सहअस्तित्व' की भावनाओं से सृजित हैं। आशा है पाठकों को प्रिय लगेंगी। यदि कविताओं में निहित विचार, भाव अथवा संवेदना व्यक्ति को प्रभावित करते हैं तो मैं अपने कवि कर्म की सार्थकता समझूँगा।

–धीरेन्द्र कुमार पटेल

1589 बी
हुसेनाबाद, भारतीनगर
जौनपुर

नज़रिया

औरतों के
बहुत रूप-रंग होते हैं
जैसे
होते हैं पत्थरों के
जिसको जैसे गढ़ दिया जाता है
जिस फ्रेम में मढ़ दिया जाता है
वैसी ही दिखायी पड़ती हैं
लेकिन
वे ही औरतें
जब सोचती हैं
बोलती हैं
चीखती हैं
तोड़ती हैं फ्रे़म
तब
वे न पत्थर होती हैं
न सिर्फ़ रूप-रंग
उन्हें देखने के लिए
ज़माने को ढूँढ़ना पड़ता है नया ढंग

और
बदलना पड़ता है नज़रिया
आखिर
वे
बने-बनाये साँचों से बाहर निकलकर
औरत की जानिब
बदल रही हैं दुनिया

औरतें

औरतें
बनाती हैं
घर का एक दायरा
इसीलिए
वे घर में रहकर भी
बाहर होती हैं
बाहर होकर भी
घर में होती हैं

औरतें
खड़ी करती हैं
कुछ दीवारें
कुछ बन्धन तोड़ती हैं
जोड़ती हैं कुछ रिश्ते
तमाम रंगों के धागों से
बुनती हैं
ज़िन्दगी का ताना–बाना।

फिर भी
आसान तो नहीं होता है
औरतों के लिए
खुद के सपनों को पूरा कर पाना
इसीलिए
वे बहुत-कुछ गूँथ लेती हैं
अपने बालों में
बसा लेती हैं, आँखों में
काढ़ देती हैं
उन चादरों पर
जिसे बिछाती हैं वे
सुकून भरी नींद के लिए।

औरतें
चाहती हैं
कोई चीज़ न छूटने पाये
जो ज़रूरी हो
एक घर के लिए
लेकिन
तोड़ने-जोड़ने के बाद भी
छूट ही जाते हैं
उनसे
कुछ दरवाज़े
कुछ दरीचे।

सरोकार

किसी आदमी को
किसी औरत का प्यार
वैसा ही नहीं मिलता
जैसा वह चाहता है।

नहीं मिलता है
किसी औरत को भी
किसी आदमी का प्यार
वैसा ही
जैसा वह चाहती है।

आख़िर
चाहत एक बात होती है
और
मिलना दूसरी बात होती है
हाँ! यह जरूर है कि
पहली बात से
दूसरी बात का सरोकार होता है

अक्सर
आदमी और औरत के बीच भी
इसी तरह का प्यार होता है।

खिड़कियाँ

खिड़कियाँ
बचाती हैं मकानों को
क़ैदख़ाना होने से
सोलहवीं शताब्दी की
ज़नाना होने से।

बन्द होती हैं
तो
जैसे मकानों पर पैबन्द होती हैं।
खुली होती हैं
जब मकानों की खिड़कियाँ
तो लगता है
जैसे खिली हों लड़कियाँ
जो
बुला लेती हैं
घर के भीतर
थोड़े से आकाश को
गुनगुनाती हुई बयार को

इठलाती हुई थोड़ी–सी धूप को
पेड़ों की हरियाली को
सफेद रूई की फाहों की तरह उड़ते बादलों को
बरसात की फुहारों को

बुला लेती हैं
पानी में नहाती
पंख फड़फड़ाती चिड़ियों को
बरबस बुला लेती हैं
सरगोशियाँ करती उन आँखों को
जो मुरझाकर बन्द होना
नहीं चाहती हैं
चाहती हैं चुराना कुछ रूप।

खिड़कियाँ
बन्द होने के लिए
नहीं होती हैं
होती हैं
कुछ बन्द हुई चीजों को
खोलने के लिए
चुप खड़े मकानों को
कुछ बोलने के लिए।

व्यवहार

घर में
अक्सर खो जाता है
आदमी का चश्मा
रूमाल
जुर्राब
कभी पर्स
तो कभी कलम
कभी ज़रूरी काग़ज़ात
या कोई किताब।
तब आदमी
बहुत परेशान होता है

घर की औरत को
आवाज़ देता है
कि
अमुक चीज़ तो दिखायी नहीं पड़ रही है
कहीं तुमने रख तो नहीं दिया है
किसी दूसरी जगह

मैंने तो यहीं रखा था।

और औरत
आदमी की आवाज़ सुनते ही
सारा काम छोड़कर दौड़ती है
वह अच्छी तरह
जानती है कि
ज़रा–सी देर हो जाने पर
आदमी का गुस्सा
सातवें आसमान पर पहुँच जायेगा
भौहों पर बल पड़ जायेगा
इसीलिए
वह बहुत जल्द
खोयी हुई चीज को ढूँढकर
ले आती है चुपचाप
वहीं से
जहाँ आदमी उसे रखकर भूल गया होता है।

घरों में अक्सर
आदमी और औरत का
कहीं कम तो कहीं ज़्यादा
ऐसा ही व्यवहार होता है
आदमी से कुछ ज़्यादा
औरत के कन्धे पर
घर का भार होता है।

बोनसाई

वे
जो कभी प्यार करती हैं
फिर
बिछड़ जाती हैं
किसी ज़रूरत से
या फिर मजबूरी में।
वे
अक्सर कसम खा लेती हैं
अपना विवाहित जीवन
बहुत सँभालकर जीने की
और
वे एक अच्छी औरत बनने की जद्दोजहद में
काटती रहती हैं
अपनी प्यार की जड़ों को
उसे यथेच्छा बढ़ने नहीं देती हैं
और धीरे–धीरे एक दिन
वे स्वयं बन जाती हैं
अपने घर रूपी गमले में
एक खूबसूरत बोनसाई।

औरत और पुरुष

फ़र्क़ होता है
औरत की तस्वीर
और
उसके वजूद में।

कुछ जादू होता है
औरत के रूप में
तस्वीर में
वैसे ही
जैसे जाड़े की धूप में
जिसमें
अक्सर आदमी
जलने की दुहाई देता है
अपने को
औरत से
सदैव अलग होने की
गवाही देता है।

घरेलू औरतें

घरेलू औरतें
घर के सभी काम करती हैं
भोजन बनाती हैं
बर्तन माँजती हैं
धुलती हैं घर–भर के कपड़े
झाड़ती–बुहारती हैं
घर सँवारती हैं
भूल जाती हैं
दिन और रात का फ़र्क़
बस वे रोज़
घरेलू काम निपटाती हैं
सुख–दुःख बाँटती हैं
बिना किसी तर्क के
ज़िन्दगी काटती हैं।

घरेलू औरतें
कहाँ कभी फुरसत से
आईने में
अपनी उम्र निहारती हैं।

पुनर्जन्म

आदमी
और
औरत
मिलते हैं
खिलते हैं
एक-दूसरे के साथ
गहरी अनुभूति में
विश्वास में
प्यार के अहसास में।

औरत
पुरुष से
कुछ ऐसे जुड़ती है
उसकी आज़ादी में
ख़ुद को बाँधती है
और
रचती है नया जीवन

पुरुष से अलग
नया दर्द सहकर।
फिर भी
आदमी के घर में रहकर
औरत आदमी से
ज़रा–सी कम है
भले ही
औरत की जानिब
माँ बनना
औरत का पुनर्जन्म है।

गुलामी का सुख

कुछ दिन
पिंजरे में रहने से
चिड़िया को भी
पिंजरे में रहने की आदत हो जाती है
फिर वह
न तो सूरज को पहचान पाती है
न ही आकाश को
वह भूल जाती है
अपनी हर उड़ान को।

चिड़िया को
पिंजरे में ही मिलता है
पेट भरने को दाना
प्यास बुझाने को पानी
और
जब इत्मीनान हो जाता है कि
वह उड़ना भूल चुकी है
तब खोल दिया जाता है

पिंजरे का दरवाज़ा
लेकिन
तब डरती है चिड़िया
पिंजरे से ही बाहर आने में
आज़ादी के दाने खाने में
और
बहता पानी पीने में।

वह लड़की

वह लड़की
पड़ोस में रहती है
बहुत चुप-चुप
कुछ छुप-छुप

लेकिन
अक्सर समय-बेसमय
कभी सुबह
कभी दोपहर
तो कभी
धूप चुराती शाम में
सबसे बेख़बर
बरामदे में
खिड़की के पीछे
यदा-कदा छत पर
दिखायी पड़ जाती है
आईने में
अपना चेहरा देखते हुए।

वह लड़की
कुभी कुछ सोचकर
आईने को धूप में रखती है
तो
कभी अपने चेहरे को
फिर कभी
आईना पोछती है
अपने दुपट्टे से रगड़कर
कभी अपने चेहरे पर
फिराती है अपनी हथेली
बहुत देर तक
जैसे सहला रही हो
किसी देशी ख़रगोश के बच्चे को

पता नहीं
आईने और उस लड़की के
चेहरे के बीच
वह कौन-सी छाया है
जिसे वह रोज़ मिटाना चाहती है
लेकिन
शायद वह मिटती नहीं है।

वह लड़की
न तो आत्ममुग्ध लगती है
न तो वह बावली है

हाँ! जरूर वह

आस-पास की अन्य लड़कियों से

बस थोड़ी-सी साँवली है।

आधी दुनिया

आधी दुनिया
दबी थी
वैसे ही
जैसे ऊसर धरती के भीतर
दबे रहते हैं बीज।
अब
धरती कुछ सरस हुई है
बीज अँखुआ रहे हैं
लेकिन
अभी लेना है उन्हें
रूप
रंग
और आकार
खिलना है
जैसे
खिलते हैं सुन्दर-सुन्दर फूल
धीरे-धीरे आ रहा है
मौसम
आधी दुनिया के अनुकूल।

कोख

औरत
महसूस करती है
प्यार भरा स्पर्श
अधरों की प्यास
आँखों का आकर्षण
घृणा
और मन का विकर्षण
वैसे ही
जैसे महसूस करता है पुरुष
आख़िर
औरत और आदमी का शरीर
भले ही जुदा है
लेकिन
उसकी एक ही भाषा होती है
हाँ!
औरत के पास
होती है एक कोख
इसीलिए
आदमी से अलग
औरत की परिभाषा होती है।

नदियाँ

नदियाँ होती हैं
जैसी
होती हैं स्त्रियाँ
ठहर जाती हैं
तो सूख जाती हैं
जैसे
अपनी ही ज़िन्दगी से रूठ जाती हैं
बहती हैं नदियाँ
तो अच्छी लगती हैं
हँसती हैं
बोलती हैं
खिलखिलाती हैं
ख़ामोश किनारों से
करती हैं सरगोशियाँ।

नदियों में
बहनापा होता है
किसी–न–किसी मुहाने पर

उनका रिश्ता साझा होता है
एक–दूसरे से करके गलबहियाँ
कुछ दूर साथ चलने का
उनका जैसे वादा होता है।

नदियाँ
ओढ़कर धूप की चादर
कभी दमकती हैं
कभी बादलों की छतरी ओढ़
सिहरती हैं
कभी धीरे–धीरे
कभी उछल–उछल कर
ऊपर–नीचे
चढ़ती और उतरती हैं
कभी हाथ हिलाती दुलराती
बहती हैं
कभी करती हैं अठखेलियाँ
बोलती हैं बहुत मीठी बोलियाँ
नदियाँ होती हैं
जैसी
होती हैं स्त्रियाँ।

लड़कियाँ जब प्यार करती हैं

लड़कियाँ
जब प्यार करती हैं
सारी हदें पार करती हैं।
बहती हैं
नदी की तरह
तोड़ती हैं तटबन्ध
हो जाती हैं मुक्त छन्द।
रुकती नहीं हैं
किसी गीत में
ग़ज़ल में
छन्द में
बहर में

लड़कियाँ
गाँव में हों
या फिर
शहर में
जब प्यार करती हैं

तब
न जाने कितने दिलों में
काँटे की तरह
चुभती हैं
धँसती हैं
जैसे
कमान से निकला हुआ तीर
लेकिन
खींच देती हैं
वे
प्यार की एक नयी लकीर।

बीज

बीज
दिखायी पड़ते हैं
और
नहीं भी दिखायी पड़ते हैं
आँखों से।

बीज
उड़ते भी हैं
हवा में
तैरते भी हैं
पानी में
जलते भी हैं
आग में
छिपे भी रहते हैं
आकाश में

लेकिन
दबा लेती है धरती

बीज को
जब अपनी कोख में
और
मचलने देती है उसे
गर्भस्थ शिशु की तरह
फेंकने देती है हाथ-पाँव
सीखने देती है उसे
आज़ादी का मतलब
उसकी जड़ों को
अपने भीतर गहरे उतारकर
बहुत सँभालकर
आख़िर
वह माँ है
जानती है सृजन का मर्म
कोख का धर्म।

घर और औरत

वस्तुओं में
धीरे–धीरे
उलझ जाता है घर
उलझ जाती है
घर की औरत।

वस्तुओं को
उपयोग लायक बनाने में
और
फिर उन्हें सहेजकर रखने में।

जब तक औरत
वस्तुओं को सहेजकर
फुर्सत की साँस लेना चाहती है
तब तक देखती है कि
मकड़ियों ने जाले बना दिये हैं
ऐसी जगह कि
उसका सारा सामान सहेजना

व्यर्थ हो जाता है
फिर
जब तक वह जाला झाड़ती है
कि
अचानक उसकी नज़र पड़ती है
चूहे ने कुतर दिया है
उस कमीज़ को
जो उसके आदमी को बेहद पसन्द है
उसे अफ़सोस होता है
आख़िर वह
उसे ठीक से क्यों नहीं रख पायी थी
उसे गुस्सा आता है चूहों पर
ख़ुद पर
लेकिन
विवश हो जाती है
अपने ही घर में

औरत सोचती है कुछ देर तक
अपने आदमी के बारे में
देखेगा वह जब
चूहों द्वारा कुतरी
अपनी पसन्दीदा कमीज़
तब
आपे से बाहर हो जायेगा
चीख़ेगा जरूर

कैसी औरत हो तुम?
तुमसे एक घर नहीं सँभलता।

औरत
सोचती है
आस–पास की औरतों के
आदमियों के बारे में
चुप रहती है
अपने हक में कुछ नहीं सोचती है
क्योंकि
औरत जानती है
एक घर का सपना
रातभर देखे गये
सपनों की तरह ही उलझा होता है।
कोई फ़र्क़ नहीं पड़ता है कि
दिन थोड़ा बड़ा है
रोशनी थोड़ी ज़्यादा है
हवा में ताज़गी है
रात रोज़ आकर बता जाती है
औरत के लिए
इस ज़माने में भी
घर में
नया कुछ भी नहीं है
सब–कुछ बासी है।

हद

कहीं प्यार से
तो
कहीं इन्कार से
कहीं हठ से
बन्दिशें तोड़ रही हैं लड़कियाँ।
तोड़ रही हैं
पैर की बेड़ियाँ
हाथों की हथकड़ियाँ
खोल रही हैं
ज़ुबान पर लगा ताला
गिरा रही हैं
अपने चारो तरफ
बनी हर दीवार
अपनी आँखों को
कर रही हैं दो-चार।

लड़कियाँ
ख़ुद गढ़ रही हैं

अपना क़द
अब बहुत मुश्किल है
उनके लिए
कोई हद बनाना
सीख लिया है
लड़कियों ने
ज़माने के साथ कदम मिलाना
ख़ुद की औक़ात को जताना।

प्रेम कविताएँ

वे प्रेम करके
प्रेम कविताएँ लिखती हैं
थोड़ी-सी सिकुड़ती हैं
कुछ बहकती हैं
फिर भी
जैसे चुपके-चुपके
कानों में
सब-कुछ कहती हैं
मन से कुछ खुलती हैं।

आख़िर
वे लड़कियाँ हैं
जानती हैं
प्यार करने का मतलब
कोई आँखें तरेर देता है
जब वे हसती हैं उन्मुक्त होकर
कोई टोक देता है
जब वे भर आँख

कुछ देखती हैं

लड़कियाँ
कुछ भी करती हैं
किसी–न–किसी की नज़र में
रहती हैं
फिर भी
वे प्रेम करती हैं
और
प्रेम कविताएँ लिखती हैं।

बिजूका

अपने पुराने कपड़े पहनाकर
थोड़ा-सा अपनी ही अदा में झुकाकर
किसान
खेत में खड़ा करता है बिजूका
सोचता है
पशु-पंछियों को
वह जरूर देगा धोखा।

खेत में
चुपचाप बिजूके को खड़ा देखकर
किसान के छोटे-छोटे बच्चे
उसे चिढ़ाते हैं
माँगते हैं उससे
खिलौने और पैसे
उसे गुदगुदाते हैं
कुछ बोलने को उकसाते हैं
लेकिन
उसके कुछ न बोलने पर

मुँह फुलाकर बिसूरते हैं
कैसे बाप हो पूछते हैं?

किसान की पत्नी
उसे नज़र में भरपूर उतारती है
बरसात में
उसे भींगते देखकर
बरबस सिहरती है
जब कभी अकेली होती है
काम करके थक जाती है
उदास होती है
तब मेड़ पर बैठकर
मन–ही–मन उससे
दुःखा–सुखा बतियाती है
कभी किसी बात पर
लजाती है
पल्लू में मुँह छुपाती है
आख़िर बिजूका
उसके पति का प्रतिरूप होता है
फ़सल बचाने को मज़बूर होता है
उसी की तरह
सीधा सरल और सच्चा है
खेत में चुपचाप खड़ा
मूक, बधिर, पंगु और अन्धा है।

घर की दीवारें

औरतें
एक घर की इच्छा करती हैं
जिसमें
खिड़कियाँ
दरवाज़े
और
एक आँगन हो
घर में सबका खुला मन हो।

एक छत हो
औरत की आज़ादी के लिए
जिससे
घर और वर सहमत हों
लेकिन
घर में दीवारें होती हैं
घर की सबसे बड़ी राज़दार
इसीलिए
घर-भर का होता है उस पर विश्वास

आख़िर
खिड़कियाँ
दरवाज़े
आँगन
और छत
होती हैं
मज़बूत दीवारों की ज़द में
और
घर की इन्हीं दीवारों पर
समय-समय पर
चढ़ाई जाती हैं
रंग-रोगन की परतें
जिससे
नहीं निकल पाती हैं बाहर
घर की औरतें।

दो क़दम दूर

किसी औरत की चीख़ उठती है
दो क़दम दूर
हो जाता है कोई हादसा

दो क़दम दूर
खड़ा कोई
देता है
अपनी मुफ़लिसी का वास्ता

दो क़दम दूर
जला दी जाती हैं बस्तियाँ
मिटा दी जाती हैं
कितनी जिन्दगियाँ
मिट्टी में मिला दी जाती हैं हस्तियाँ
दबा दी जाती हैं
हलक से निकलने वाली चीख़

दो क़दम दूर
कोई माँगता है
ज़िन्दगी की भीख।

दो क़दम दूर
बहुत–कुछ हो जाता है
लेकिन
कोई फ़र्क़ नहीं पड़ता है
ज़माना अपनी ही रफ़्तार से चलता है
मुट्ठी में क़ैद करके रखता है
धरती का पूरा विस्तार
उसके सपनों में उतर चुका है
पूरा आसमान
कोई फ़र्क़ नहीं पड़ता है
रोज़ नये–नये
देवदूतों के अवतार से
बस सारा फ़र्क़ तो पड़ा है
दो क़दम दूर
रह गये प्यार से।

मौत की सादगी

परिवार में
एक आदमी था
और एक औरत
जो पति–पत्नी थे
एक लड़का था
और एक लड़की
जो भाई–बहन थे
मुकम्मल थे

अचानक एक दिन
वह परिवार
शहर में ख़बर हो गया
पहले
बच्चों को ज़हर दिया गया था
फिर
औरत ने ज़हर खाया था
और
अन्त में आदमी

ज़िन्दगी है कितनी कागज़ी
मौत की ऐसी सादगी
बस इस ज़माने की है
एक आम बानगी।

माँ का गुण

बया
एक पंछी है
जो काँटेदार पेड़ पर
या फिर
चुभनेवाली झाड़ियों पर
बुनती है
बहुत ख़ूबसूरत घोंसला।
बड़े यत्न से
बचाती है
अपने अण्डे और बच्चे
पालती है
हवा
पानी
धूप से
बचाने और पालने की
अपनी कोशिश में
वह साँपों के हौसलों को भी
कर देती है परास्त
माँ का गुण
होता है कुछ ख़ास।

ताजमहल देखकर...

मुमताज
मुग़ल बादशाह शाहजहाँ की बेगम थी
जो चौदहवीं औलाद को जन्म देकर
असहनीय प्रसव पीड़ा झेलते हुए
बादशाह की गोद में सिर रखकर
मर गयी थी

यदि
मुमताज न मरी होती
तो
शायद ताजमहल न बना होता
हाँ! जरूर मुमताज
चौदहवीं बच्ची गौहर आरा की
ख़ुशनसीब माँ बनी होती
हो सकता था
और भी बच्चे जनती
शायद उसकी ख़ूबसूरती
और

बादशाह की मुहब्बत का
यही तकाज़ा था
इसीलिए
बच्चे जनते-जनते
मुमताज का मर जाना
महज एक हादसा था
औरतें
अक्सर ऐसे हादसों का शिकार हो जाती हैं

लेकिन
जरूर बादशाह
बहुत अफ़सोस के साथ
दिल पर पत्थर रखकर
कन्धे पर
मुमताज का जनाज़ा उठाया होगा
उसके मकबरे पर हुआ होगा ग़मजदा
हिज्र हो गया होगा बेपर्दा
बादशाह ने ताजमहल बनवाकर
शायद ताजियतनामा दिया है
या फिर मुमताज के हुस्न को ज़िन्दा किया है
हो सकता है अपनी मुहब्बत को एक मुकाम दिया है
जो भी हो लेकिन–
यह सच है कि
ताजमहल
अपनी ख़ूबसूरती में बेमिसाल है

मुहब्बत की अनूठी मिसाल है
पढ़नेवाले तो, ऐसे पढ़ते हैं
जैसे वह कोई रहस्यमयी किताब है
देखनेवाले ऐसे देखते हैं
जैसे हिजाब के अन्दर
ज़िन्दा मुमताज है
सच तो यह है कि
ताजमहल
बादशाह के मन का मलाल है
आख़िर
एक औरत की जानिब
मुमताज की मौत
आज भी सबसे बड़ा सवाल है!

छुपकर लिखी चिट्ठियाँ

अब नहीं हैं
वे लड़कियाँ
जो
छुपकर लिखती थीं चिट्ठियाँ
उन्हें
भले ही
उस समय पता नहीं था
कि
वे चिट्ठियाँ ही
काटेंगी
एक दिन उनकी बेड़ियाँ
एक दिन चढ़ेंगी वे
आज़ादी की सीढ़ियाँ।

वे लड़कियाँ
तो
बस प्यार करती थीं
डरती थीं

छुपकर चिट्ठियाँ लिखती थीं
जो
उनके लिए
किसी बाज़ी से कम न था
उनकी आज़ादी से कम न था।

औरतें पैदा नहीं होतीं

सिमोन-द-बुवा की प्रसिद्ध उक्ति है कि
'औरतें पैदा नहीं होती हैं, वे सिर्फ बनायी जाती हैं'
उक्ति की व्याख्या जरूरी है
हमारे समाज में आख़िर क्यों
औरतों का दूसरी होना मज़बूरी है!

पैदा होनेवाली हर चीज़ का
अपना गुण-धर्म होता है
और
बनायी गयी हर चीज़ का
निर्धारित कर्म होता है
जैसे
बच्चे पैदा करना
औरत का गुण-धर्म है
लेकिन
किसी पुरुष से विवाह बन्धन में बँधकर
उसके उत्तराधिकार के लिए
पुत्र पैदा करना

औरत के लिए निर्धारित कर्म है
इसीलिए
धर्म, दर्शन, इतिहास और साहित्य में
जहाँ कहीं भी
औरत को बनाये जाने का षड्यन्त्र है
औरत की जानिब
सिमोन–द–बुवा की वहीं–वहीं नज़र है।

सियासत

औरतों ने
बहुत–कुछ सीख लिया है
जैसे
सीख लिया है
मुक्त होना
उन कपड़ों से
जो उनकी लाज ढकने के लिए
ज़रूरी थे
उनकी मज़बूरी थे

आख़िर
औरतों ने जान लिया है कि
कपड़ों से लाज नहीं ढकी जा सकती
ढकी जा सकती है
सिर्फ़ आज़ादी

औरतें
अब घबराना नहीं चाहती हैं
किसी की आँखों से

अपने बारे में कही गयी
इतिहास की सभी अनुचित बातों से
वे अब नहीं चाहती हैं
पाण्डवों जैसी द्युतक्रीड़ा
द्रौपदी की लाज बचाने की लीला
नहीं चाहती हैं
हरण
अग्निपरीक्षा
और
शिला हो जाने का शाप
न ही अपने उद्धार के लिए कोई राम
औरत की जानिब
नहीं चाहिए उन्हें
अब कोई ऐसी विरासत
जिसमें
हो रामायण या महाभारत
जैसी कोई सियासत।

उपहार

वह छोटी-सी लड़की
उछलती-कूदती है
बहुत अच्छी लगती है
खेलती है
सबको जैसे खुद खेलाती है
इठलाती है
तुतलाती बोली में
सबको जब बुलाती है
बहुत लुभाती है
उसकी भोली मुस्कान पर तो
हर कोई हो जाता है निसार
फूल की तरह खिली है
अपनी माँ को तो
जैसे उपहार में मिली है
नन्हें-नन्हें पाँवों पर चलती है
छोटे-छोटे हाथ हिलाती है
जैसे ज़माने को बताती है
बेटियाँ
परियों के देश से आती हैं।

टोनी मारिसन की याद में...

वर्ष दो हजार उन्नीस में
सौन्दर्य प्रतियोगिता के क्षेत्र में
दुनिया में एक इतिहास बना
दो अश्वेत युवतियाँ
जमैका की टोनी एन सिंह विश्व सुन्दरी
और
दक्षिण अफ्रीका की जोजिन-बिन-टूजी
ब्रह्माण्ड सुन्दरी चुनी गयीं
तब लोगों को लगा कि
इन युवतियों ने इस परम्परित धारणा को
तोड़ा है कि
सुन्दर सिर्फ़ वे औरतें होती हैं
जिनका रंग गोरा है।

यह इत्तफ़ाक़ है कि
उसी दो हजार उन्नीस में
अमेरिका की जानी-मानी लेखिका
टोनी मारिसन अर्थात्, क्लाई ऐथॉनी वोफोर्ड ने

इस दुनिया को अलविदा कह दिया था
जिन्होंने जीवन भर
काले लोगों की संवेदना
और
उनके भीतर पनपते क्रोध, आवेश
तथा
हिंसात्मक विस्फोट को स्वर दिया था

टोनी मारिसन ने
साफ तौर पर कहा था कि
'मैं कालों के लिए लिखती हूँ
इसके लिए क्षमा नहीं माँगूगी'
मारिसन ने अपने जीवन काल में
देखा था कि
अमेरिका जैसे देश में
काली औरतों के साथ बलात्कार के लिए
किसी गोरे को दोषी नहीं पाया गया था
काली औरतें और काले लोग
गोरी औरतें और गोरे लोगों की अपेक्षा
दुनिया में ज़्यादा दुर्व्यवहार के शिकार होते हैं
इसीलिए
रंग-भेद पर
उनका साफ विचार था कि-
किसी काले के राष्ट्रपति बनने में
और

व्यवस्था परिवर्तन में अन्तर होता है
'किसी काले का राष्ट्रपति बनना
कोई क्रान्ति नहीं
बल्कि क्रमिक विकास है'
मारिसन की उक्त बात
इस अर्थ में ख़ास है कि
प्रभुत्वशाली गोरी क़ौमें
कोई-न-कोई छल करती हैं
जब
कालों के समुदाय से
किसी ख़ास काले को
अपने किसी हित में
राष्ट्रपति
विश्व सुन्दरी
ब्रह्माण्ड सुन्दरी
अथवा
किसी विशिष्ट पद पर चुनती हैं।

उद्देश्य

वे औरतें
बस धर्मपरायण होती हैं
पूजा-पाठ, व्रत-उपवास रखती हैं
जुटाती हैं ज़िन्दगी भर आशीर्वाद
नहीं बनती हैं वे अपवाद
उन्हें
न तो किसी तर्क की ज़रूरत होती है
न ही ज्ञान की
न विवेक की
वे बस
सदियों के धार्मिक विश्वास पर जीती हैं
परम्परित घर-परिवार
और समाज को
बहुत प्रिय होती हैं
उनके लिए प्रेम
न आग का दरिया है
न उसमें डूब कर पार जाना है
उन्हें तो
बिना शीश उतारे
बस औरत धर्म निभाना है।

माँ

जब हम छोटे थे
तब
माँ बहुत बड़ी थी
हम भाई–बहन
खेलते–कूदते थे
पढ़ते–लिखते थे
बात–बात पर
लड़ते–झगड़ते थे

तब माँ
हमें प्यार करती थी
डाँटती थी
समझाती थी
कभी–कभी हमपर
हाथ भी उठाती थी
हमारे पैर में चुभ जाता था
जब कोई काँटा
तो उसे बड़े प्रेम से निकालती थी

हमारी हर चीख़ से पहले
खुद चीख़ उठती थी।

आज हम बड़े हो गये हैं
अपने पैरों पर खड़े हो गये हैं
अब हम भाई–बहन
अपने–अपने हक़ में बोलते हैं
लड़ते हैं
झगड़ते हैं
लेकिन
माँ! अब कुछ नहीं बोलती है
न डाँटती है
न चीखती है
न उठाती है हाथ
बड़े होकर
बच्चे इसी तरह हो जाते हैं अनाथ।

ख़्वाब

लड़कियाँ
कुछ गर्भ में
तो
कुछ पैदा होने के बाद
मार दी जाती हैं

यदा–कदा
मार दी जाती हैं
जब बड़ी हो जाती हैं
प्यार करने के जुर्म में

लड़कियाँ
फिर भी
पैदा होती हैं
बड़ी भी होती हैं
सवाल बनकर खड़ी भी होती हैं
ढूँढ़ा जाता है
जब तक उनका जवाब

तब तक
वे पाल लेती हैं
अपनी पलकों पर
अपने होने का
कुछ अलग अनूठा ख़्वाब।

बदलाव

औरतें
सोच रही थी कि
वे घर बना रही हैं
लेकिन
पुरुष बना रहे थे बाज़ार।

धीरे–धीरे
घर बाज़ार होते गये
और बाज़ार में होते गये घर
औरतों के लिए
अब है एक शाश्वत डर
शायद अब नहीं बचेगा घर।

आख़िर
घर और बाज़ार में
अन्तर तो होता है
घर
सपनों से बना होता है

अपनों से बना होता है
और
बाज़ार
सब-कुछ बेचता है
सपने भी
अपने भी।

औरतों के भीतर
अब चाहे जितनी कसमसाहट है
सपनों का घर
टूटने की कड़वाहट है
लेकिन
वे विवश हैं
परवश हैं
रिश्तों और प्यार की नींव
दरक रही है
औरतों के पाँवों के नीचे
जो ज़मीन थी
वो अब सरक रही है।

मोनालिसा

मशहूर चित्र 'मोनालिसा' में
दो ख़ास बातें हैं
एक तो
मोनालिसा को देखनेवालों को
देखती उसकी आँखें हैं
जैसे कह रही हों
सबको पढ़ने के लिए
औरतों के पास
ये दो किताबें हैं
दूसरी बात
जो ज्यादा रहस्यमयी है
वह है
मोनालिसा के होठों पर दबी-दबी मुस्कान
कहा जाय तो
औरत की सबसे बड़ी ज़बान
इसीलिए
ज़माना परेशान है
पढ़ने के लिए

मोनालिसा की आखों को
और
समझने के लिए उसकी ज़बान।
आख़िर
इतना भी तो
आसान नहीं होता है
किसी औरत की आँखों को पढ़ पाना
और उसकी ज़बान को समझ पाना।

मोनालिसा का
चित्र बनानेवाला लियोनार्डो-द-विन्सी भी
नहीं पढ़ पाया था
उसकी आँखों को
न ही समझ पाया था उसकी ज़बान
इसीलिए
उसने मोनालिसा का ऐसा चित्र बनाया है
अपनी उलझन में
सबको उलझाया है
आख़िर वह चित्रकार है
अपनी कला का जादू चलाया है
औरत रहस्यमय होती है
शायद, चित्र में यही समझाया है

सीख

रेस्तराँ में
एक डोसे को
आधा-आधा करके खाना
और
एक कप काफी को
आधा-आधा करके पीना
उस प्रेम करनेवाली औरत से
हमने सीख लिया
ज़िन्दगी को पूरा जीना।

भूख से

हवा में
ताज़गी है
आकाश में
पंख फैलाने की आज़ादी है
फ़ज़ाओं में
रंगों का जादू है
हर रूप खिला है
सूरज की धूप से
कह रही हो
जैसे यह पूरी कायनात
हे आदमी!
मत बनाओ औरत को
सिर्फ़ अपनी भूख से।

सुना कर देते हैं
न्हीं बातों में
औरत
अपनी ज़िन्दगी जीती है।
जब वह कहती है
बाहर जा रहे हो
तो जरा सँभलकर
इधर-उधर देखभाल कर चलना
घर वापस आते समय
धोबी से कपड़े लेते आना
भूल मत जाना

इस महीने बिजली का बिल
बहुत ज़्यादा आया है

बिज्जी है कि पानी बहुत गिराती है
शालू का मन तो
अब पढ़ाई में लग ही नहीं रहा है
मेरी कमर में
आजकल दर्द बहुत है
पड़ोसी झाबू की ज़बान तो
आजकल कैंची की तरह चलने लगी है
मुँवाँ ज़िन्दगी अपाढ़ हो गयी है
इन छोटी–छोटी बातों में
औरत की संजीदगी होती है
इसीलिए
हर घर के लिए
वह अभिनन्दनीय होती है।

छोटी-सी धूप

मेरे घर के
छोटे–से आँगन में
आती है
छोटी–सी धूप

आती है
नींम की छाँव लेकर
छोटी–छोटी चिड़ियाँ
मेरी नन्हीं बिटिया का परिचय
एक बड़ी दुनिया से कराने के लिए
उसकी नन्हीं–नन्हीं आँखों को
आकाश तक पहुँचाती हैं।

नन्हीं बिटिया की आँखें
रात में ढूँढ़ती हैं
उन चिड़ियों को
जो तारे बनकर
आकाश में टिमटिमाती हैं

तब
छोटी–सी धूप
उसकी आँखों में उतर आती है।
वह छोटी–छोटी ध्वनियाँ बनाकर
चिड़ियों की भाषा में गाती है
अपनी नन्हीं–नन्हीं
हथेलियों को हिला–हिला कर
चमकते तारों को
अपने पास बुलाती है
नन्हीं बिटिया
सहज ही खोज लेती है
प्यार की भाषा
नन्हे–नन्हें उसके पाँव
लय में थिरकते हैं
वह ऊँचे उठने के लिए
उचकती है
थोड़ी–थोड़ी उछलती है
गिरती है
उठती है बार–बार
नहीं मानती है हार
मेरे घर के छोटे से आँगन की
छोटी–सी धूप
नन्हीं बिटिया के लिए है उपहार।

औक़ात

किसी ने कैमरे में क़ैद कर लिया है
उस औरत का वज़ूद
जिसका टूटा-फूटा मिट्टी का घर है
मिट्टी के चूल्हे में राख है
जैसे औरत के जीवन में नहीं कोई आग है।

उस औरत की छाती से
चिपकी है
एक दुध मुँही बच्ची
औरत के तन पर
बहुत कम कपड़े हैं
जिससे
उसकी श्यामता चमक रही है
उसका यौवन
आँच बन दहक रहा है
बहुत कुछ कह रहा है।

उसके पास ही सटकर
लगभग चार वर्ष की

एक बच्ची
बिल्कुल नग्न खड़ी है
दूसरी जो थोड़ी बड़ी है
किसी पुराने कपड़े से
उसकी कमर बँधी है।

तीन बेटियों की वह माँ
जितना खुलना है
उतनी खुली है
जितना बँधना है
उतनी बँधी है
उसे मतलब नहीं है
किसी के रसूख़ से
ज़िन्दगी के किसी बड़े उसूल से
जैसे
जानती है वह सब-कुछ
अपनी और पराई भूख से।

मिल्कियत

आभूषण
बनाये जाते हैं
सजाने के लिए
और
सजी हुई वस्तु
क़ीमती हो जाती है
देखने की वस्तु हो जाती है

आभूषण से
सजी हुई औरत का
नाक–कान–गला
और
हाथ–पैर
कुछ भी नहीं रह जाता है उसका
सब–कुछ जैसे हो जाता है
आभूषण का
इसलिए
बदल जाती है
आभूषण से सजी हुई औरत की हैसियत
लगती है वह जैसे
किसी की मिल्कियत।

चुनौती

आदमी के लिए
प्यार सबसे बड़ी चुनौती है
जिससे बचने के लिए ही
औरतें दूसरी बना दी गयीं
आदमी से बराबरी की बजाय
एक सीढी नीचे उतार दी गयीं

औरतों को
पूजनीय
दयनीय
अबला
श्रद्धा
आदि–आदि कहकर
उनसे सहानुभूति दिखलाया गया
दयाभाव से उन्हें अपनाया गया

औरतें
फूल–सी देह लेकर

संघर्ष करती रहीं
आँसुओं से इतिहास रचती रहीं
जाने कितना कुछ
देह पर
मन पर
दिमाग़ पर सहती रहीं
जब भी प्यार से जीने की बात आयी
जज़बात से बराबर होने की बात आयी
तब
परम्परा
रीति–रिवाज
धर्म–जाति
रंग–रूप की
कोई–न–कोई दीवार खड़ी हो गयी
जो औरत के पूरे वज़ूद से
बड़ी हो गयी।

गाँव की अच्छी लड़की

गाँव की अच्छी लड़की
नज़र उठाकर
किसी ऐरे–गैरे को नहीं देखती है
घर के सभी काम
चुप–चाप करती है
कभी थकती नहीं है
घर वाले कहते हैं
हमारी लड़की बहुत गुनी है।

गाँव की अच्छी लड़की
जब खेत–खलिहान जाती है
तब उसे देखकर
लोग कहते हैं
यह लड़की बहुत अच्छी है
बोलना तो जैसे जानती ही नहीं है
जिस घर जायगी
वह घर स्वर्ग हो जायेगा।

यह सच है कि
गाँव की अच्छी लड़की को

बहुत बातें करना पसन्द नहीं है
लेकिन
वह सुनती है
बड़े चाव से
गाँव की भागी हुई लड़कियों की कहानी
उसे अच्छा लगता है कि
लोग ऐसी लड़कियों को
बहुत बुरा–भला कहते हैं
कम–से–कम
वह बुरी लड़की तो नहीं है।

गाँव की अच्छी लड़की तो
लजाती है
अपने ब्याह की चर्चा पर भी
छुप जाती है
उसे सन्तोष होता है कि
लोग जैसा चाहते हैं
वह वैसी ही बनी है
शील,संकोच और शर्म से
एक आदमी की
पत्नी बनने लायक
औरत के सभी धर्म से।

विवशता

अन्दर से बन्द दरवाज़ा
तोड़ा गया
तो
कमरे में
औरत का शरीर
पँखे से झूल रहा था
उसे देखकर
बच्चे चीख़ने और चिल्लाने लगे
उन्हें बहुत बहलाकर ढाढ़स बँधाकर
पूछने पर
बहते आँसू और हिचकियों के साथ
वे बताने लगे
माँ ने तो
हमें पुचकार कर
बड़े प्यार से
बस इतना ही कहा था–
बच्चों ! मुझे परेशान मत करना
मैं दरवाज़ा बन्द करके
सोने जा रही हूँ।

पहाड़ और पुरुष

पहाड़ ऊँचे होते हैं
पुरुष सरीखे होते हैं
दृढ़ और कठोर
इसीलिए
उनके चारों तरफ
बन जाती है खाईं
ऊँचे होने की सज़ा
हर किसी ने
इसी तरह से है पायी।

स्वानुभूति

नाखून और बाल
बढ़ते ही हैं
आदमी के भी और औरत के भी
तब भी
जब बढ़ना बन्द हो जाता है
उनका क़द
आदमी और औरत की
होती है एक ही हद

लेकिन
औरत
महसूस करती है कि
उसके बढ़े बाल और नाखून
होते हैं
किसी ज़द में
लेकिन
अक्सर आदमी भूल जाता है
अपनी हद

तब
उसके बढ़े बाल
चुभने लगते हैं
औरत के मन में
और नाखून
धँसने लगते हैं
उसके फूल से तन में।

रिश्ता

हवा
पानी
धूप की तरह
प्यार भी
ज़िन्दगी की जरूरत है
इसीलिए
आदमी
और
औरत का रिश्ता
बहुत ख़ूबसूरत है।

सीढ़ियाँ

लड़कियाँ
बहुत बचती हैं
सँभलती हैं
फिर भी ठोकर खा जाती हैं
गिरती हैं
ज़माने की नज़र से

गिरने को तो
कोई भी गिर जाता है
किसी भी हद तक

लेकिन
जब गिरती हैं लड़कियाँ
तब महसूस करती हैं
अपने चारों तरफ गहरी खाईयाँ
वे कोशिश करती हैं
उससे निकलने की
उनके पास हाथ हैं
पैर भी हैं

आगे बढ़ना भी चाहती हैं
हौसले से
चढ़ना भी चाहती हैं
किसी भी ऊँचाई पर

लेकिन
यह भी सच्चाई है
उन लड़कियों के लिए
वहाँ तक पहुँचानेवाली सीढ़ियों पर
सदियों से काई है।

परिवार

पत्नी
सुबह से शाम तक
व्यस्त रहती है
घर में बने कई घरों में
ज़्यादातर रसोई–घर में
उसे फ़ुर्सत नहीं मिलती है
कभी मेरी आँखों से चश्मा हटाकर
उसमें झाँक सके
देख सके कि
मेरे चारों तरफ
जो उदास पन्ने हैं
उस पर मैं
खुशी लिखने की कोशिश कर रहा हूँ

इन्हीं पन्नों में से
छोटू मिन्नत करके
कुछ पन्ने ले लेता है
बनाता है नाव

और आँगन में पानी जमा करके
उसमें तैराता है
तो कभी
जहाज बनाकर उड़ाता है
खुशी से चिल्लाता है
आखिर उन्हीं पन्नों पर
मैं उतनी खुशी तो
नहीं लिख पाता हूँ

बच्चियाँ
थोड़ी बड़ी हैं
अब वे
उछलती-कूदती नहीं हैं
घर के किसी कोने में बैठकर
पढ़ती हैं किताबें
सुलझाती हैं
जैसे घर की उलझी सभी बातें
बहुत ख़ामोशी से
जाने कैसे
वे इतनी जल्दी
ख़ामोश रहना सीख गयी

सीख गयी हैं वे
लीक पर चलना
अपने और ज़माने के हिसाब में ढलना

बच्चियों ने ही
मेरे पढ़ने की मेज पर
किताबों के ढेर पर
चुप-चाप रख दिया है
एक छोटा-सा लाफिंग बुद्धा
बहुत तेज हँसता हुआ
शायद यह सोचकर कि
पापा कभी उदास न हों
जाने कैसे उन्होंने जान लिया
या फिर
अपनी नज़रों से पहचान लिया कि
बेटियों के बाप
यदा-कदा उदास होते हैं
थोड़ी दूर रहकर भी
बेटियों के बहुत पास होते हैं।

कर्मशील आम औरतें

कर्मशील आम औरतें
आज़ाद हैं
परी कथाओं से
तिलस्मी छवियों से
देवी, सती
शक्ति स्वरूपा के
किसी अवधारणा से

महान् होने के सभी मोह तोड़ती
कर्मशील आम औरतें
कोई मिथ नहीं
बल्कि सच्चाई हैं
जिन्होंने दुनिया को
नयी राह दिखायी है

सिर पर ईंटें ढोतीं
खेतों में धान रोपतीं
पीठ पर टोकरी लादे
चाय बगानों की खुशबू बनतीं

पहाड़ पर चढ़ती–उतरती
जंगल के हर रेशे में
खुद को बिखेरती
लकड़ियाँ बीनती
आग ढूँढ़ती हैं
कर्मशील आम औरतें
सच की दुनिया रचती हैं

कर्मशील आम औरतें
धरती पर पाँव रखती हैं
आकाश से बातें करती हैं
धूप से चुराती हैं रूप
हर आँख में टाँक देती हैं सूरज
देती हैं सन्देश
कठिन–से–कठिन तम भेदकर ही
बनाया जाता है सुन्दर परिवेश।

औरत का अस्तित्व

औरत
जब खिलखिलाती है
तब जैसे
खिलखिला उठता है
पूरा आसमान
दिखायी देता है
औरत होने का गुमान
और
औरत के उसी चेहरे पर
जब उठता है दर्द
तब जैसे
सिकुड़ जाता है
पूरी धरती का आकार
बहुत कठिन है
देख पाना
औरत के अस्तित्व का
पूरा विस्तार।

प्यार

वह सब छीन लेता है
लेकिन
वह जो भी है
सुनो!
तुम किसी माँ की गोद से
छीन लेते हो उसका बच्चा
फिर भी
छीन नहीं पाते हो उसकी ममता।

छीन लेते हो
आलिंगन में बँधी प्रेमिका
लेकिन
नहीं छीन पाते हो
दुःख से भरे दिल से प्यार।

तुम जो भी हो
बहुत शक्तिमान्
छीन सकते हो

हमारी
हँसी
खुशी
और ज़िन्दगी
तुम छीनते रहोगे
हम हैं कि
रचते रहेंगे।

हमें पता है
तुम छीन लेना चाहते हो
हमारे हाथों से
रचने की ताकत
कलम और काग़ज़
छीन लो
फिर भी
नहीं छीन पाओगे
नहीं मार पाओगे
व्यर्थ हो जायेंगे
तुम्हारे सभी हथियार
नहीं खोज पाओगे कि
कैसे जन्मता है
आदमी के भीतर प्यार।

एहसास

दिन–भर की उमस को
शान्त करके
बरसात चली गयी थी
फुहारों में भींगकर
जब हम पहुँचे थे
उस सड़क पर जो वीरान थी
अँधेरा उतर आया था
चारों तरफ

पास के क़बिस्तान में
अपनों की कब्रों पर
दीपक जलाकर
लोग चले गये थे
वहाँ अपार शान्ति थी
गीली मिट्‌टी पर
हमारे पैरों की पदचाप भी
सुनायी नहीं दे रही थी
हवा भी

नहीं कर रही थी
जलते दीपकों से सरगोशियाँ
लग रहा था
ख़ामोश है पूरी दुनिया।
हाँ हमारे कपड़ों में
बारिश की नमी थी
और शरीर में उग आयी थी छुई-मुई
जलते दीपक
झिलमिला नहीं रहे थे
बहुत ख़ामोशी से
जैसे बुला रहे थे।

उन्हीं दीपकों की तरह
हम भी मौन हो गये थे
एक-दूसरे का हाथ पकड़े
आँखों में आँखें डाल
जलते हुए दीपक हो गये थे।

हमें पता था
क़ब्रों में सोये हुए लोग
अब
किसी का ऐसे
हाथ नहीं पकड़ सकते थे
न वे हमें रोक सकते थे
एक-दूसरे का हाथ पकड़ने से

लेकिन
उन्होंने ज़रूर पकड़ा होगा
किसी का हाथ
ऐसे ही प्रेम से
अपनेपन के एहसास से
भले ही
उनके मरने से पहले
वह विश्वास मर गया होगा
लेकिन
शायद वह प्रेम न मरा होगा।
उनके अपने
दीपक जला गये थे
उनकी क़ब्रों पर
परन्तु
कहाँ कोई दीपक जलाता है
किसी के मेरे हुए विश्वास पर।
दीपक जलाकर
चले गये थे जो उदास चेहरे
वे हमें बहुत-कुछ सिखा गये थे
अपना वह दर्द दिखा गये थे
जिसे हम देख नहीं पाते हैं।
हमने एक-दूसरे से
कुछ भी कहा नहीं
शायद कहने को कुछ भी रहा नहीं
बस भर आँख हमने निहारा था

एक–दूसरे में
खोने के लिए
जो थे हम
उससे कुछ अलग होने के लिए
पल–भर के लिए
एक–दूसरे की आगोश में समा गये थे
एक–दूसरे के भीतर दीया जला गये थे।

एक साथ हमारी नज़रें उठी आसमान पर
बदलियाँ पूरी तरह छट गयी थीं'
नीले आसमान पर
बस रात की छाया थी
बड़े अधिकार से
चमक रहे थे सितारे।

हमें मालूम था
जरूर बुझ जायेंगे
कब्रों पर जलते दीपक
लेकिन
ये सितारे
रात–भर निहारेंगे इन क़ब्रों को
आख़िर
सबकी माँओं ने बतलाया है
लोग मरने के बाद
आसमान में सितारा बन जाते हैं।

उस दिन
हमें लगा था कि
प्यार मरता नहीं होगा
सिर्फ़ बिछड़ता होगा
लेकिन
शायद यह सच है कि
सब–कुछ मरता है
इस धरती पर
और
सितारा बन जाता है आसमान पर।

अब
जब भी
सितारों को देखता हूँ
सिहरता हूँ
मन में मरे हुए प्यार को
आसमान में ज़िन्दा देखता हूँ।

दीवार में

शहर में
मोड़ बहुत हैं
हर मोड़ पर हम मिले
कभी मैं इन्तज़ार में रहता
कभी तुम!
झाँकती खिड़कियों को
हमेशा लगा कि
हम दोनों हैं प्यार में
लेकिन
वे खिड़कियाँ थीं
किसी–न–किसी दीवार में
और
हम थे बस
एक–दूसरे के इन्तज़ार में

अब हम नहीं मिलते हैं
किसी मोड़ पर

लेकिन
मोड़ अब भी हैं
हमारे इन्तज़ार में
खिड़कियाँ अब भी हैं
दीवार में।

तुम्हारा मिलना

मिलने को कई बार मिली
पर मिलन जैसा न था
जैसे, बस हवा गुदगुदा कर चली गयी हो
कुछ सूखे पत्ते बस गिराकर चली गयी हो।

कहाँ ठहरती है हवा
उसी तरह
तुम भी नहीं ठहरती थी
मिलने को तो
तुम कई बार मिलती थी।

काश! कुछ मिलने जैसा होता
काश! कुछ खोने जैसा होता
पाने की फिर चाह न होती
कोई दूजी राह न होती
कुछ ग़म न होता
जब तुम मेरे आस-पास न होती।

कुछ तो खिला होता फूल जैसा
कुछ तो मिला होता तितलियों के रूप जैसा
किसी रंग का स्पर्श होता
सुबह की गुनगुनाती धूप जैसा
मिलने को तुम कई बार मिली
पर मिलने जैसा न था।

औरत

आदमी के लिए
औरत
एक आदत हो जाती है
खुद-ब-खुद इबादत हो जाती है
जिसके बिना
सुबह
दोपहर
शाम
नीरस हो जाती है
रात
हो जाती है शब्दहीन
घर में
आदमी
हो जाता है दीन-हीन
जैसे
जल बिन मीन
फिर भी
तमाम क्रिया-विशेषण से
अपने ही घर में
औरत हो जाती है शक्तिहीन।

सभ्यता

मानव सभ्यता की
जो भव्यता है
उसे मापा जाता है
गीज़ा के पिरामिड से
एफ़िल टावर
स्टैट्यू ऑफ लिबर्टी
ह्वाइट हाउस से
बड़े-बड़े मन्दिर
मस्ज़िद
गिरजाघर से
महानगर से
और
सुरक्षा के बड़े-बड़े हथियार से
अन्तरिक्ष यान से
आख़िर
कब मापा जायेगा
मानव सभ्यता को
उस दो गज़ की कोठरी से

जिसमें
औरत लाचार होती है
छोटी-सी उम्र में ही बेज़ार होती है
जाने कैसी-कैसी
आदिम नज़रों की शिकार होती है
पड़े होते हैं
उनके जिस्मों पर

आदिम सभ्यता के गहरे निशान।
इस दुनिया में
न जाने कितनी
दो गज़ की कोठरियाँ हैं
जिसमें रहती हैं यौन दासियाँ
जिन्हें नहीं पता है
कितनी बड़ी है यह दुनिया।

घर

घर में चूहे
बना लेते हैं अपना घर
मकड़ियाँ रोज बुनती हैं जाले
झींगुर कूदते रहते हैं
मक्खियाँ भिन-भिनाती हैं
दीमक चाटते रहते हैं किताबें
और
मच्छर मचाते रहते हैं कोहराम
घर में
औरत की ज़िन्दगी हो जाती है हराम

इन बातों पर
किसी पुरुष का कहाँ रहता है ध्यान
वह तो
जब बाहर से
घर लौटता है
रोज एक ही बात दुहराता है
औरत को सुनाता है
काम करते-करते थक गया
हे राम!
घर में औरतों को है कितना आराम।

दहेज की आँच

नये जमाने का नारा है
'बेटा-बेटी एक समान'
लेकिन
पितृसत्ता का जाने कैसा जादू-मन्तर है
बढ़ रहे हैं बेटे
घट रही हैं बेटियाँ
बड़े मजे से
दहेज की आँच पर
सेंक रहे हैं सब
अपनी-अपनी रोटियाँ
जो नहीं सेंक पाते हैं
और आग दहकाते हैं
जिसमें जला दी जाती हैं बेटियाँ
जला दिया जाता है
नये ज़माने का नारा
बच जाता है बस
वही अवशेष
जो है बहुत पुराना।

वह पहाड़ी लड़की

वह पहाड़ी लड़की
जिसे
सूरज की धूप में देखा था अपलक
उसके सुर्ख़ गाल थे
पाँव कमाल थे
गोल–गोल घूमकर
पहाड़ी रास्तों पर
जाने कहाँ खो गयी थी।

रात में देखा
वह पहाड़ी लड़की
चाँद बनकर
आकाश में खिली है
कुछ छोटे–छोटे सफ़ेद बादल
उसके आस–पास
पहाड़ियों की ही तरह कुछ अटल
किसी सुरक्षा दस्ते की तरह सजग

बाँहें फैलाये
उसे गम्भीर नज़रों से निहार रहे हैं
बहला-फुसला रहे हैं
व्याकुल हैं
जैसे निकल गयी हो
वह पहाड़ी लड़की
उनकी पनाह से
उन्हें उसे बचाना है
ज़माने की हर बुरी निगाह से।

पिता का प्रयाण...

खेतों में फसलें हरी-भरी थीं
गेहूँ,सरसों फलियों से लदी थीं
आमों में बौर अघाये थे
यह उदासी का महीना नहीं था
लेकिन तुम उदास करके चले गये
हमारे बचपन की भोली आँखों के
सभी रंग छले गये।

वह दुनिया भर में
प्यार का दिन था
तुमने ज़िन्दगी को अन्तिम बार
जाने किस दर्द से प्यार किया
उस प्यार में जाने कैसी कशिश थी
एक अजनबी रागिनी बजी थी
हम उसे पहचान न सके
चुपके से सुन ली थी त्रिभुवन मोहिनी
श्मशान भैरवी को जगा गयी
सबकी आँखों पर परदे डाल

सूरज निकलने से पहले
सन्नाटे की बारात लेकर
चिड़ियों के चहकने से पहले
तुम्हें अपने साथ लिवा गयी।

मैंने जाना था
पिता आकाश होता है
सिर पर छत का एहसास होता है
मेरा सब एहसास खो गया
सिर पर छाया आकाश खो गया
खो गयी तुम्हारी वो उँगलियाँ
बचपन में जिसे पकड़कर
जैसे मैं घूमता था पूरी दुनिया
अब भी जैसे लगता था
वही उँगली पकड़कर चल रहा था
एकाएक जो छूट गयी
जीवन की एक लय जो थी
वह टूट गयी

तुम्हारे बिना माँ हो गयी कितनी अधूरी
तुम बना गये सबसे इतनी दूरी
चले गये तुम जाने किसके मोह में
जाने किस अजनबी लोक में
खोज नहीं सकते अब हम तुमको
तुम हो गये हो विदेह में।

उलझन

आँखें मिलाकर
फिर नज़रे झुकाकर
सारा प्यार उतारकर ओंठों पर
बेझिझक
सौंप देनेवाली औरतें भी
एक दिन
सिर्फ़ घर हो जाती हैं।

वे भूल जाती हैं कि
ज़िन्दगी के लिए
प्यार भी जरूरी है
उनके लिए
ग़ैर ज़रूरी हो जाता है
आँखों में आँखें डालकर
बातें करना
हँसना–मुस्कराना
किसी–न–किसी बहाने
घर को भूल जाना

लेकिन
ऐसी औरतें
सब-कुछ भूल जाती हैं
नहीं भूलती हैं तो
सिर्फ़ घर
आखिर
जिस शिद्दत से
वे घर बनाती हैं
बुनती है एक जाल की तरह
उसमें वे खुद भी उलझती हैं।

औरत का चित्र

एक कलाकार की कृति है
औरत की आकृति है
जिसमें
उसने बनाया है
औरत का गला
सुराही की तरह सुघड़
और पेट
रेशम की तरह मुलायम
कहीं से कोई गलती नहीं हुई है
औरत की आँखों को बनाने में
चूक नहीं सकती हैं वे
देखने वालों को लुभाने में
बस उसमें नहीं भरी है आग
औरत की छाती में
कुछ ऐसा उभार है
उस पर पड़ा आवरण निस्सार है
कलाकार की दृष्टि का
चित्र में अनूठा विस्तार है

और उसकी कला का
कुछ ऐसा कमाल है कि
औरत के पूरे शरीर पर
उसकी उँगलियों के गुदगुदाते निशान हैं।

कला का उसूल

खजुराहों से लेकर
कोणार्क तक
दीवारों पर बनी
मिथुन मूर्तियाँ
बहुत ही मधुर और मनोहर हैं
शर्तियाँ
हमारे इतिहास की धरोहर हैं।

उन मूर्तियों में निहित
कला का जो उसूल है
वह देखने की दृष्टि के अनुकूल है
वहाँ जीवन नहीं
जीवन की व्याख्या है
काम्या है
बस वह जीवन दृष्टि है
जिससे
सृजित यह सृष्टि है।

परिदृश्य में औरतें

1.

वह
शहर के किसी मोड़ पर
तन्हा
कभी भीड़ भरी सड़क पर
इन्तज़ार करती थी
क्योंकि वह प्यार करती थी
लेकिन
एक दिन
वह कूद पड़ी चलती ट्रेन के आगे
क्योंकि
वह मौत का और अधिक इन्तज़ार नहीं कर सकती थी
चिथड़ो में लिपटा एक भ्रूण इस बात का गवाह था।

2.

उस अैरत के विलाप से
फट रही थी सबकी छाती
अपनी छाती से भींच रखी थी वह

अपना मरा हुआ बच्चा
आख़िर
औरत पाती है
दुःख का सबसे बड़ा हिस्सा।

3.
श्मशान पर
वह औरत
पति के शव को मुखाग्नि दे रही थी
लग रहा था
वह औरत नयी लीक धर रही है
लेकिन
उस औरत ने
ऐसा कभी कुछ नहीं सोचा था
आखिर परम्परा कहती है
पति के हाथों मुखाग्नि पाना
स्त्री का परम सौभाग्य होता है
लेकिन
परम्परित नियम का अपवाद होता है।

4.
सड़क पर चलते हुए
वह लड़की
चक्कर खाकर गिर गयी थी
अस्पताल में

डॉक्टर ने बड़ी मासूमियत से पूछा
तुम्हारी शादी हो गयी है
उस लड़की ने
इन्कार में सिर हिलाया
डॉक्टर झल्लाया
उसकी पेट की तरफ देखते हुए
बस बुद-बुदाया
तुम आजकल की लड़कियाँ
कुछ भी कर सकती हो।

5.
पत्नी के शव को
कन्धे पर रखकर
मीलों चलनेवाले
दाना माँझी ने
कभी नहीं सोचा था
अपनी ज़िन्दा पत्नी को
इसी तरह
प्यार से कन्धे पर रखकर
मीलों चलने के बारे में।

6.
पेट में भूख दबाकर
और आँखों में आँसू
वह मजदूर की पत्नी

रोज़
मजदूर के लिए
पोटली में बाँधती है
हरी मिर्च और सूखी रोटी।

7.
वह बूढ़ी औरत
अपने सुन्दर अतीत को
याद करके नहीं रो रही थी
उम्र ने उसकी आँखों से
आँसू छीन लिया था
लेकिन
उसका दुःख
उसके चेहरे की झुर्रियों में
प्राण बन छलक रहा था।

एक लड़की का बयान

'तू! करमजली पैदा होते ही मर क्यों नहीं गयी'
माँ मुझे हमेशा उलाहना देती है
पिता की आँखों में रेत भर जाती है
मैंने माँ से हमेशा कहना चाहा
माँ! मैं कहाँ ज़िन्दा हूँ?
लेकिन
किससे कफ़न माँगू
जिससे
मेरी आत्मा ढक जाय
कह नहीं सकती
जानती हूँ
मेरी तरह माँ भी न जाने कितनी बार मरी है।
मैं तो दुधमुँही बच्ची थी
बुखार में तप रही थी
मेरा दोष बस इतना ही था
भाई भूख से रोते-रोते
झोपड़ी के कोने में सो गया था
माँ मेरी देखभाल की वजह से
उस दिन काम पर न जा सकी थी

मालिक, मालकिन की उलाहनों से झल्ला गया था
सारा क्रोध माँ पर निकालने का बहाना पाया
हमारी झोपड़ी में आग़ लगा दिया
जिसमें भाई जलकर मर गया था
तब से माँ हमेशा कहती है
तू करम जली है
पैदा होते ही भाई को खा गयी।
भाई ! मैं सचमुच मर चुकी हूँ
तुम्हारे मरने का दुःख माँ के दिल से नहीं जा सकता
इसका मुझे दुःख है
लेकिन
मैं सच कहती हूँ
भेड़िया मेरा शरीर खा गया होता
तो मैं फिर से जन्म लेती
कई जनम जीती और मरती
लेकिन
जब आत्मा मर जाती है
तब
इस दुनिया में दुबारा जन्म लेने की इच्छा नहीं होती है।